D1220970

Lake Shore Drive Apartments

Werner Blaser

Mies van der Rohe

Lake Shore Drive
Apartments

High-Rise Building/Wohnhochhaus

Birkhäuser – Publishers for Architecture
Basel · Boston · Berlin

This publication was kindly supported by:
Diese Publikation wurde freundlicherweise unterstützt von:
HIAG HANDEL
BAUWERK Parkett AG
www.hiag.ch

Translation into English (texts Werner Blaser) and into
German (text Masami Takayama):
Katja Steiner, Bruce Almberg, Ehingen

A CIP catalogue record for this book is available from
the Library of Congress, Washington D.C., USA.

Die Deutsche Bibliothek – CIP-Einheitsaufnahme

Blaser, Werner:
Mies van der Rohe, lake shore drive apartments;
high rise building/Werner Blaser. [Transl. into Engl.:
Katja Steiner; Bruce Almberg]. - Basel; Boston; Berlin:
Birkhäuser, 1999
        ISBN 3-7643-6090-9 (Basel ...)
        ISBN 0-8176-6090-9 (Boston)

Layout: Werner Blaser, Basel
Litho and typography: Photolitho Sturm AG, Muttenz
Printed on acid-free paper produced of chlorine-free pulp. TCF ∞
Printed in Germany
ISBN 3-7643-6090-9
ISBN 0-8176-6090-9

9 8 7 6 5 4 3 2 1

Inhaltsverzeichnis   Contents

Entwicklung des Wesentlichen: Der offene Raum

Die im Wohnhochhaus verwirklichte Grundidee war, den Sitzplatz vor dem Landhaus auf die Stockwerksebene zu überführen. Der Einraum, wo verschiedene Funktionen zusammenkommen, überträgt die Sicht aus der Villa in einen neuen Kontext. Im Falle von Chicago ist es der Michigansee mit dem Lake Shore Drive einerseits und andererseits die Sicht auf das City Center mit der Loop. Die stockwerkshohen Glasflächen fügen sich zwischen die horizontalen Stahlträger und rahmen die Skyline von Chicago ein. Nur durch eine mit Einfühlungsvermögen umgesetzte avancierte Bautechnologie war diese Vision einer neuen visuellen Wahrnehmung zu realisieren. Diese innere Plattform setzt nach außen eine Dramaturgie frei, die die Rauminhalte belebt und bereichert. Im Grunde ist der Kern des Hochhauses mit einer Wirbelsäule vergleichbar, die ihre kristallin organische Struktur nach außen hin verfeinert und öffnet. In seiner absoluten Konsequenz der puristischen Einfachheit bleibt der offene Raum immer noch eine kühne Vorahnung zukünftigen Gestaltens.

Development of the Essential: Open Space

The basic concept of the high-rise apartment building was to translate the terrace in front of the country home into the floor level of the high-rise. A single space where various functions are united places the view from the villa into a new context. In the case of Chicago, it is Lake Michigan with Lake Shore Drive, on one hand, and the view of the City Center with the loop, on the other. The floor-to-ceiling glass surfaces are fit between the horizontal steel supports and frame the skyline of Chicago. This visual perception is guaranteed only through an advanced building technology that was sensibly realized. This inner platform releases a dramaturgy towards the exterior that enlivens and enriches the spatial content. Basically, the core of the high-rise building can be compared to a spine that refines and opens its crystalline organic structure towards the outside. As an absolute consequence of purist simplicity, the open space still remains a daring premonition of future design.

Mies in seiner Wohnung an der East Pearson Street in Chicago, 1964

Mies in his apartment on East Pearson Street in Chicago, 1964

860–880 Lake Shore Drive Apartments in Chicago,
1948–1951

Die beiden Wohntürme mit ihren 26 Stockwerken aus Glas und Stahl stehen in der schönsten Gegend von Chicago, am Michigansee, nahe beim Stadtzentrum. Über der durchgehenden Glasfläche der Fassaden mit ihrem Hintergrund von einheitlich grauen Vorhängen und Aluminiumfensterrahmen zeichnet sich die Stahlkonstruktion in kontrastierendem Schwarz ab. Beim Bau der Fassade wurde eine vierfenstrige Einheit auf dem Dach montiert und von oben herab von Säule zu Säule angeschlagen. An die Säulen und Eckpfeiler, die mit Stahlplatten abgedeckt und mit einem feuersicheren Betonmantel umgeben sind, wurde dasselbe senkrechte, durchgeführte Normal-T-Profil angeschlagen, aus dem die Fenstereinheiten hergestellt sind.

Sullivans berühmtem Axiom «Form follows function» setzt Mies van der Rohe den Begriff der «Struktur» entgegen. Die Funktionen eines Gebäudes können wechseln, seine Form bleibt. Die Struktur aus Gerüst und Füllung ist ein Prinzip, das wechselnden Bedürfnissen gerecht zu werden vermag.

Mies van der Rohe hat sich seit je für Hochhäuser interessiert. Schon 1920 beschäftigte er sich mit Wolkenkratzerprojekten nach dem Skelettbauprinzip und mit Etagenflächen, die von möglichst wenigen Gegebenheiten des Baues beeinflußt sind und frei genutzt werden können. Sie lassen möglichst viel Licht herein, das durch Rolläden dosiert werden kann; diese Verglasung bewirkt außen durch Spiegelung und Durchblick ein reiches Spiel des Zufalls.

In Chicago, an der Geburtsstätte der Wolkenkratzer, sieht Mies die Vorteile des Stahlskelettes für die innere Disposition. Sein ästhetisches Ziel ist die Sichtbarmachung des Skelettes trotz aller feuerpolizeilichen Vorschriften. In den Lake Shore Drive Apartments ist ihm das durch einen Kunstgriff gelungen. Es sind dies die ersten ringsum voll verglasten freistehenden Hochhäuser auf der Basis einer bloßen Skelettbauweise. Die zwei Bauten sind so gegeneinander versetzt, daß fast alle Wohnungen Sicht auf den See bieten.

860–880 Lake Shore Drive Apartments in Chicago,
1948–1951

The two 26 story glass and steel apartment towers are located in the most beautiful area of Chicago, right on Lake Michigan near the city center. The steel construction stands out in contrasting black against the continuous glass surface of the façades with their background of uniformly gray curtains and aluminum window frames. During the construction of the façade four-window units were assembled on the roof and fastened from above from column to column. The same vertical standard T-profile that the window units were made of was fastened to the columns and corner pillars, which are covered with steel plates and surrounded by a fire-resistant concrete shell. Mies van der Rohe opposes Sullivan's famous axiom "form follows function" with the term "structure." The functions of a building can change, but its form remains. The structure consisting of filling and framework is a principle capable of meeting changing needs.

Mies van der Rohe has always been interested in high-rise buildings. In 1920 he was already occupying himself with skyscraper projects that followed the skeleton principle, with full floors that are influenced by the structural conditions of the building as little as possible and can be used freely. They allow as much light to enter as possible, but the light can be subdued with shutters; this kind of glazing treatment creates a rich play of coincidence on the exterior through reflection and transparency.

In Chicago, the city where skyscrapers were born, Mies recognized the advantages of the steel skeleton for the inner character. His aesthetic goal was to make the skeleton visible despite all fire department regulations. These are the first completely glazed, freestanding high-rise buildings based on the exclusive use of a skeleton structure. The two buildings are offset in a way that offers most of the apartments a view of the lake.

Vision im Weglassen

Mies van der Rohe hat in seinem dritten Lebensabschnitt, nach Aachen und Berlin, in Chicago seine eigentliche Bauheimat gefunden. Dort verwirklichte er seine Skelettbauweise in Stahl und Glas. Durch klare Unterscheidung zwischen primärer und sekundärer Konstruktionsebene – von Skelett und Füllung oder Knochen und Haut – erreichte er eine wesensgemäße Kontrastwirkung. Die kühnen Stahl- und Glas-Wohnhochhäuser am Michigansee, betont offene Bauten, drücken mit ihren emporstrebenden Stahlprofilen Vertikalität und Kraft aus.

In Chicago setzte Mies van der Rohe mit den beiden visionären Wohntürmen einen Meilenstein in der Geschichte der Baukunst und legte die geistigen Grundlagen unseres Bauens und Wohnens. Die Reinheit in dem nach außen wirkenden vertikalen Stahlskelett schafft auf der horizontalen Ebene glasumschlossene Wohnräume.

Der Kräftefluß der durchgehenden Stahlstützen besitzt etwas ingeniöses, eine konstruktive Intelligenz und eine technische Ästhetik. Er hält auch die kommenden Generationen dazu an, über das Weltbild mit ihren Mitteln und ihrer Ästhetik nachzudenken und an ihm weiterzubauen. Die Hinwendung zu diesen Grundsätzen kann darum positive Denkanstöße für die Reinheit der Gestalt der modernen Architektur geben.

Die ersten Wohnhochhäuser der Moderne entstanden vor fünfzig Jahren am Michigansee. Es war damals ein riskantes Vorhaben, für ein Wohnen in vom Boden bis zur Decke vollständiger Verglasung mit Sicht auf See, Drive und Loop zu plädieren. Die zwei Wohntürme, in Längs- und Querachse zueinander geordnet, gehören immer noch zu den fortschrittlichsten, aus vorfabrizierten Teilen errichteten Bauten. Sie bilden mit ihren Wohnfunktionen einen Markstein in der Geschichte der Architektur.

Vision in Omission

In the third period of his life, after Aachen and Berlin, Mies van der Rohe found his true architectural home in Chicago. There, he was able to realize his skeleton architecture in steel and glass. Due to the clear distinction between primary and secondary construction layers – between skeleton and filling, or bones and skin – he achieved a characteristic contrast. The daring steel and glass highrise apartment buildings on the shores of Lake Michigan, an emphatically open structure, express verticality and force with their rising steel profiles.

In Chicago, with the two visionary apartment towers, Mies van der Rohe set a milestone in the history of architecture and laid the spiritual foundations of our building and living. The purity of the vertical steel skeleton, which so effectively expresses itself towards the outside, creates fully glazed living spaces on a horizontal level.

The flow of forces in the continuous steel supports has something ingenious, a constructive intelligence and a technical aesthetic. It challenges the coming generations to continue to think about and expand the worldview with their means and aesthetics. Contemplating these principles can therefore provide positive impulses for the purity of the design of modern architecture.

The first high-rise apartment buildings of Modernism were created fifty years ago on Lake Michigan. Back then it was a risky undertaking to plea for living space with floor-to-ceiling windows offering a view of the Lake, Drive and Loop. The two apartment towers, arranged in their longitudinal and cross axis towards one another, are still among the most progressive buildings erected with prefabricated parts. With their apartment functions, they represent a true milestone in the history of architecture.

860–880 Lake Shore Drive Apartments –
Archetyp der modernen Architektur
von Masami Takayama.

1952 begann ich mein Architekturstudium an der Waseda University in Tokio. Damals waren unsere Helden Le Corbusier und Niemeyer und sogar Gaudi, nicht jedoch Mies van der Rohe. Wir konzentrierten uns auf die Architektur der Form. Ein Ausflug zur Katsura Rikyu-Villa in Kioto öffnete mir die Augen hinsichtlich der strukturellen Architektur. Mit struktureller Architektur meine ich Architektur, die auf der Konstruktion, nicht der Form, basiert.

Der Ausflug fand im Frühjahr statt und das frische grüne Moos im Garten setzte einen wunderschönen Kontrast zu dem sanften, weißen Band von Shoji-Wandschirmen, die mit Holzsäulen unterteilt waren. Zum ersten Mal empfand ich eine geistige Erhebung beim Anblick struktureller Architektur und dem Erleben ihres Raumes.

Katsuras Gebäude waren im «Wagoya»-Stil, einer typisch japanischen Holzrahmenkonstruktion, erbaut. Hierfür wurden Standardelemente wie Tatami, Shoji, Holzdecken usw. verwendet, die in ganz normalen japanischen Häusern auch zum Einsatz kommen. Was Katsura vom Gewöhnlichen unterscheidet, ist die Wahl der Materialien und deren Anordnung. Die einzelnen Elemente wurden sorgfältig proportioniert und mit erlesenen Details verbunden.

1956 besuchte ich Richard Neutra in Los Angeles. Nachdem ich bei ihm viele Vorlesungen gehört hatte, nahm mich Neutra mit zu einem Haus in Bel-Air, das er soeben fertiggestellt hatte. Obwohl ich von seiner Freundlichkeit überwältigt war, fühlte ich dennoch, daß er nicht mein Meister war. Später sah ich jedoch Neutras Artikel über 860 im Architectural Record. Er schrieb darin: «Die Lake Shore Drive Türme erschienen wie die wunderbare Schlußfolgerung einer lebenslang strebenden Gestaltung von Ideen.» Diese Worte – oder genauer: die Bilder, die den Artikel begleiteten – inspirierten mich dazu, das IIT in Chicago zu besuchen.

Am IIT hatte ich das große Glück, bei Mies van der Rohe während seines letzten Unterrichtsjahres zu studieren. Mies unterrichtete nicht – er stellte statt dessen große Fragen in den Raum, über die wir selbst nachdenken konnten. Eines Nachmittages erzählte er uns von seinen Büchern. Von 3000 Büchern hielt er nur 30 für wertvoll genug, um sie zu behalten. Wir machten uns zum Mitschreiben bereit, da wir erwarteten, daß Mies uns die Titel dieser Bücher nennen würde. Statt dessen erklärte er mit einem breiten Lächeln, daß sie nur ihm wichtig wären und wir unsere eigenen 30 Bücher finden müßten.

860–880 Lake Shore Drive Apartments –
Archetype of Modern Architecture
by Masami Takayama.

I began my study of architecture at Waseda University in Tokyo in 1952. Our heroes then were Le Corbusier and sometimes Niemeyer and even Gaudi, but not Mies. Our focus was on the architecture of form. It was a field trip to Katsura Rikyu (Villa) in Kyoto that opened my eyes to structural architecture. By structural architecture I mean architecture based on construction rather than form.

The trip was in spring, and the fresh green moss in the garden was utterly beautiful as it contrasted the soft white band of shoji screens divided by wood columns. I felt, for the first time, a spiritual exultation from seeing structural architecture and experiencing its space.

Buildings of Katsura were built in "wagoya," a typical Japanese wood frame construction. They used standard elements such as tatami, shoji, wood ceiling, etc., all familiar to ordinary Japanese houses. What distinguishes Katsura from the ordinary, however, is the selection of materials and their arrangement. Elements were carefully proportioned and joined with exquisite details.

In 1956, I visited Richard Neutra in Los Angeles. After hours of lecture, Neutra took me to a house he just completed in Bel-Air. While I was overwhelmed by his kindness, I still felt that he was not my master. Later, however, I saw Neutra's article on 860 in Architectural Record. He wrote, *"The Lake Shore Drive Towers appeared like the wonderful conclusion of a lifelong aspiring formation of ideas."* This, or more precisely the photos accompanying the article, inspired me to attend IIT in Chicago.

At IIT I had the great fortune to study with Mies in his last year of teaching. In reality, Mies did not teach; rather, he threw out big questions for us to ponder on our own. One afternoon he started to talk about his collection of books. Of 3000 books, he found only 30 worth keeping. We were all ready to take notes, expecting Mies to tell us the titles of those 30 books. Mies, instead, with a big smile on his face told us they were important only to him and we must find our own 30 by ourselves. Mies never discussed 860. The following analysis of 860, therefore, is based on my own search.

The Architecture of 860

The physicist Schroedinger said of general principles, 'the creative vigor of a general principle depends precisely on its generality,' and that is exactly what I mean

Mies sprach nie über die Lake Shore Drive Apartments von 860. Die folgende Analyse ist daher auf meinen eigenen Erkenntnissen begründet.

Die Architektur von 860

Der Physiker Schrödinger sagte über Grundprinzipien, daß «die kreative Energie eines Grundprinzips gerade von dessen Allgemeingültigkeit abhängt», und das meine ich, wenn ich von Struktur in der Architektur spreche. Und obgleich jedes Gebäude eine Einzellösung ist, ist es nicht als solches motiviert.

– Mies van der Rohe

Wenn ein Grundgedanke sichtbar gemacht werden könnte, dann sähe er wohl so aus wie 860. Die der modernen Architektur zugrundeliegenden Prinzipien wurden in diesem Werk zusammengefaßt.
860 ist der Archetyp der modernen Architektur.
Die drei herausragenden, visuellen Eigenschaften von 860 sind: (1) zwei identische Türme, (2) die Stahlrahmenkonstruktion, die an der Außenseite sichtbar ist, und (3) breitgeflanschte Pfosten, die an der Struktur befestigt sind.

Zwei identische Türme

860 besteht aus zwei identischen, freistehenden Türmen auf einem dreieckigen Grundstück am Ufer des Lake Michigan. Nach Joseph Fujikawa, einem langjährigen Mitarbeiter von Mies, entstand das Zwei-Türme-Projekt als Antwort auf eine Auflage, die dem Landtauschgeschäft zugrunde lag. Ursprünglich gehörte ein Teil des Grundstücks, auf dem 860 steht, der Northwestern University. Auf Bitten des Planers willigte die Universität ein, ihr Land gegen ein Grundstück direkt westlich davon einzutauschen, allerdings mit der Auflage, daß die neue Siedlung den Blick auf den See nicht versperren durfte. Diese Erklärung kann man mit Mies van der Rohe als «guten Grund» für den Grundriß interpretieren.
Mies war der Ansicht, daß Architektur einen guten Grund und auch einen echten Grund brauchte. Gute Gründe sind praktischer, echte Gründe philosophischer Natur. Obwohl die Motivation für die Architektur im Reich der echten Gründe liegt, werden Erklärungen mit guten Gründen abgegeben.
Der «echte» Grund für das Layout von 860 war das Konzept von Mies, daß Architektur unabhängig vom Grundstück bleiben solle. Ein Vergleich von 860 mit dem Borg-Warner-Gebäude in Chicago verdeutlicht dieses Konzept.

when I talk about structure in architecture. It is not a special solution. It is a general idea. And, although each building is a single solution, it is not motivated as such.

– Mies van der Rohe

If a general idea could be made visible, it would take the form of 860. The principles which governed Modern Architecture were all condensed into this single work.
860 is the archetype of Modern Architecture.
The three distinct visual characteristics of 860 are: (1) two identical towers; (2) its steel frame structure expressed on the exterior; and (3) wide-flange mullions attached to the structure.

Two Identical Towers

860 consists of two identical towers, free-standing on a triangular site along the shore of Lake Michigan. According to Joseph Fujikawa, Mies' longtime collaborator, the two tower scheme was developed as a solution to a requirement made in the land swapping deal. Originally, part of the 860 site was owned by Northwestern University. At the developer's request, Northwestern agreed to swap its land with a parcel immediately west of the site with a stipulation that the new development would not block the lake view. This explanation may be interpreted as what Mies called a "good reason" for the scheme.
Mies thought architecture must have both a good reason and a real reason. Good reasons are practical while real reasons are philosophical. Although the motivation for architecture remains in real reasons, explanations are given with good reasons.
The "real" reason for the 860 scheme was Mies' concept of architecture that it should be independent of the site. Comparing 860 to the Borg Warner building in Chicago clarifies this concept. The Borg Warner Building, standing in front of the Art Institute on Michigan Avenue, was designed by William Lescaze in 1955. Lescaze was known for his design of the Philadelphia Saving Fund Society building, and historians consider him one of the pioneers of modern architecture. With its blue aluminum curtain wall, Borg Warner appears as modern as 860 at first sight. Close examination, however, reveals that the building followed the skewed property lines, and the regular mullion spacing was compromised at the corners.
While the design of Borg Warner is subordinated to the site, 860 is completely independent of the site. 860 was developed following its own laws. It was the first step towards the industrialization of architecture.

Das Borg-Warner-Gebäude, das vor dem Art Institute an der Michigan Avenue steht, wurde 1955 von William Lescaze entworfen. Lescaze war für seinen Entwurf des Gebäudes für die Philadelphia Saving Fund Society bekannt und Bauhistoriker halten ihn für einen Pionier der modernen Architektur. Mit seiner blauen Aluminiumvorhangfassade sieht das Borg-Warner-Gebäude auf den ersten Blick so modern aus wie 860. Ein näheres Hinsehen offenbart jedoch, daß das Gebäude den schrägen Grundstücksgrenzen folgte und der regelmäßige Abstand zwischen den Pfosten an den Ecken Kompromisse eingehen mußte.

Während sich das Design des Borg-Warner-Gebäudes dem Grundstück unterordnet, ist 860 vollkommen unabhängig vom Grundstück. 860 wurde nach seinen eigenen Gesetzen entwickelt. Es war der erste Schritt in Richtung einer Industrialisierung der Architektur.

Mies' Konzept der unabhängigen Architektur wird durch den Einschnitt im Erdgeschoß noch verstärkt. Die Türme scheinen über dem Boden zu schweben.

Die Vertreter der Postmoderne attackierten später die freistehenden Gebäude von Mies und plädierten für den Kontextualismus. Doch unsere Studien am Chicago Institute zu den gegenwärtigen Veränderungen am amerikanischen Arbeitsplatz unterstützen Mies. Daraus geht hervor, daß unsere Zivilisation mit der Verbreitung der Computer und anderer elektronischer Technologien zunehmend ortsungebunden sein wird. Die Architektur wird hier keine Ausnahme sein.

Stahlrahmenkonstruktion

Der Grundriß von 860 wurde von einem Raster bestimmt, das, wie eine Achse, ein unsichtbares, raumordnendes Konzept/Mittel ist. In der traditionellen westlichen Architektur wurden Gebäude entlang einer Achse geplant. Die Kreuzung der primären und sekundären Achse – das Zentrum – schafft eine hierarchische räumliche Ordnung, die mit alten hierarchischen, sozialen Strukturen übereinstimmt. Die Achsen und das Zentrum wurden durch die symmetrische Anordnung von Teilen und die strategische Plazierung von bedeutsamen Objekten wie z. B. Statuen, Brunnen oder Obelisken ausgedrückt.

Ohne Zentrum ist das Raster von seinem Wesen her ohne Grenze und ohne Hierarchie. Es stimmt mit dem modernen Wert der individuellen Gleichheit überein. In 860 wurde das 6.3 Meter große Raster durch die an den Kreuzpunkten des Rasters plazierten Stahlträger sichtbar gemacht.

Mies' concept of independent architecture is further reinforced by the recess on the ground floor. The towers appear to be floating above the ground.

Post modernists later attacked Mies' freestanding buildings and promoted contextualism. But our studies, at the Chicago Institute, on current changes in the American workplace support Mies. We find, with the advancement of computers and other electronic technologies, that our civilization is increasingly becoming non-land based, non-territorial. Architecture alone will not be an exception.

Steel Frame Structure

The plan for 860 was determined by a grid which is, like an axis, an invisible space-ordering concept/device. In traditional Western architecture, buildings were planned along an axis. Intersection of the primary and secondary axis, or the center, creates a hierarchical spatial order that corresponds with an old hierarchical social structure. The axes and center were expressed by the symmetrical arrangement of parts, and strategic placement of significant objects such as a statue, fountain, or obelisk.

Without a center, the grid by nature has no boundary and is non-hierarchical. It corresponds with the modern value of individual equality. In 860, the 21 foot grid was made visible by the steel columns placed at the intersections of the grid.

The steel frame structure was not invented by Mies. It was a technological innovation of our time. Mies gave steel frame structure esthetic significance by simplifying it to its intrinsic form to express the grid.

Wide-Flange Mullions

The mullions of 860 are placed 5'–3" on center at each module line, one fourth of the structural grid. Vertical mullions support the aluminum window frames and terminate interior partitions perpendicular to the windows.

The mullions at 860 are made of commercially available standard 8" wide-flange steel. The standard steel sections were simply attached to the exterior frame. They are not customized for any special condition imposed by the overall design, but rather manufactured as independent elements for general use.

In traditional apartment building, the design of the façade, such as composition, window type, material, etc., was the priority. In 860, the construction was the design priority: first structure, then mullions and windows, and finally, interior partitions. From outside to inside, from permanent

Die Stahlrahmenkonstruktion wurde nicht von Mies erfunden. Sie war eine technologische Innovation unserer Zeit. Mies verlieh der Stahlrahmenkonstruktion ästhetische Bedeutung, indem er sie auf ihre wesentliche Form reduzierte, um damit das Raster auszudrücken.

Breitflanschige Pfosten

Die Pfosten in 860 sind im Abstand von 1.60 Metern – einem Viertel des strukturellen Rasters – im Zentrum jeden eines Moduls plaziert. T-Profile stützen vertikal die Aluminiumfensterrahmen und bilden den Abschluß von Unterteilungen im Innenraum, die rechtwinklig zu den Fenstern stehen. Die Pfosten in 860 wurden aus handelsüblichem, 20 Zentimeter T-Profil-Stahl gefertigt. Die Standardstahlteile wurden einfach am äußeren Rahmen befestigt. Sie wurden nicht für bestimmte, vom Design auferlegte Sondernutzungen hergestellt, sondern als unabhängige Elemente für den allgemeinen Gebrauch gefertigt.

Beim traditionellen Wohnungsbau hatte das Design der Fassade, deren Komposition, Fenster, Material etc. die Priorität. Bei 860 war die Konstruktion oberste Designpriorität: zuerst die Struktur, dann Pfosten und Fenster und schließlich die Unterteilung des Innenraumes. Die Architektur entwickelte sich in der Reihenfolge der Konstruktion, von außen nach innen, von dauerhaft zu vorübergehend. Die Puristen, die alles, was keinem praktischen Zweck diente, als kriminell betrachteten, hatten Schwierigkeiten, unfunktionelle Pfosten, die an Säulen befestigt wurden, zu akzeptieren. Da die Fenster zwischen den Säulen plaziert wurden, dienten Pfosten auf Säulen keinem praktischen Zweck. Ihre Funktion war rein ästhetischer Natur, sie schufen einen visuell angenehmen Rhythmus und eine einheitliche Haut auf der Struktur. Mies nannte diese «Pfosten-auf-Säulen-Methode» eine «architektonische Lösung». Er verwandte diese Lösung nur bei seinen niedrigen Gebäuden.

Bei höheren und größeren Gebäuden setzte Mies die Fenster außerhalb der Säulen und schuf eine durchgehende Haut auf der Struktur. Säulen waren von außen nicht mehr sichtbar. Dies wurde als «technische Lösung» bezeichnet. Obwohl sie äußerst logisch war, wurde sie dafür kritisiert, über Architektur und adäquate Unterkunft hinauszugehen.

Leben in 860

Mies überlegte ernsthaft, in 860 einzuziehen, nachdem das Gebäude 1951 fertiggestellt war. Er gab diese Idee jedoch bei dem entsetzlichen Gedanken, jeden Tag Beschwerden

to temporary, the architecture evolved in the sequence of construction.

Purists who saw anything devoid of practical purpose as criminal, however, had difficulty accepting non-functional mullions attached to columns. Since windows were placed between columns in 860, mullions on columns served no practical function. Their function was nothing but esthetic, visually creating a pleasant rhythm and uniform skin over the structure. Mies called this mullion-on-column scheme an "architectural solution". Mies used this solution only for his low-rise buildings.

For taller and larger buildings, Mies placed windows outside the columns, creating a continuous skin over the structure. Columns were no longer exposed on the exterior. It was called a "technological solution". Although most logical, it was also criticized for going beyond Architecture and becoming shelter.

Living in 860

Mies seriously considered moving to 860 when the building was completed in 1951. But he abandoned the idea, horrified by the thought that he might have to listen everyday to complaints about the building. I think he made the right decision.

For several years, my wife and I have lived in one of the apartments on the 24th floor of 860. From a resident's perspective, there are several shortcomings, as Mies expected. Our first unpleasant experience came on moving day. We found the freight elevator was too small, and had to abandon the idea of bringing up our 2'–8" × 8'–0" dining table. We also noticed how long we waited for the elevator (to arrive).

Waiting for the elevator is almost always too long. If an elevator comes within one minute, we call it a miracle. This situation, of course, can be improved by increasing the elevator speed and replacing the control system.

I have noticed, however, the elevator cab is where people meet. The occasional inconvenience gives people the opportunity to talk to each other. Some common problems even help unify the community!

Our next experience came on a windy day. The building was swaying, water in the toilet was dancing, and the vertical blinds were swinging in pendulum motion together like a chorus line. I felt like we were on a cruise ship. A fellow resident told me (in the elevator, of course) that on windy days he makes it a habit to go to office earlier and return home later, spending more hours at his workplace which, I imagine, makes his boss happier.

über das Gebäude hören zu müssen, schnell auf. Ich denke, daß er die richtige Entscheidung getroffen hat.

Seit einigen Jahren leben meine Frau und ich in einer der Wohnungen im 24. Stock von 860. Aus der Sicht eines Bewohners gibt es einige Mängel, wie Mies erwartet hatte. Unsere erste unangenehme Erfahrung machten wir am Tag des Einzugs. Der Frachtaufzug war zu klein, und wir mußten den Gedanken, unseren 85 cm × 2,45 m großen Eßtisch in die Wohnung zu bringen, aufgeben. Es fiel uns auch auf, wie lange wir auf den Fahrstuhl warten mußten. Das Warten auf den Fahrstuhl dauert fast immer zu lang. Wenn ein Fahrstuhl binnen einer Minute ankommt, nennen wir dies schon ein Wunder. Diese Situation kann natürlich durch die Erhöhung der Geschwindigkeit und den Austausch des Steuersystems verbessert werden.

Allerdings ist mir aufgefallen, daß der Platz vor dem Fahrstuhl zum Treffpunkt geworden ist. Die gelegentliche Unannehmlichkeit bietet Menschen die Möglichkeit, miteinander zu sprechen. Einige gemeinsame Probleme tragen sogar zur Stärkung der Gemeinschaft bei!

Unsere nächste Erfahrung machten wir an einem windigen Tag. Das Gebäude schwankte, das Wasser in der Toilettenschüssel tanzte, und die Lamellenvorhänge schwangen in einer Pendelbewegung wie eine Reihe von Revuetänzerinnen. Ich fühlte mich wie auf einem Kreuzschiff. Ein Mitbewohner erzählte mir (natürlich im Fahrstuhl), daß er an windigen Tagen früher ins Büro geht und später nach Hause als gewöhnlich und so mehr Zeit im Büro verbringt – was, wie ich mir vorstellen kann, seinem Chef gefällt. Das Schwanken von 860 lag hinsichtlich des Wohlbefindens der Bewohner an der Schmerzgrenze. Dr. Fazlur Khan hat es einmal untersucht, um seine Thesen zu Designkriterien für hohe Gebäude auf der Basis des Wohlbefindens der Bewohner zu überprüfen. 1)

Heute kann das Schwanken des Gebäudes durch die Installation aktiver Steuergeräte minimiert werden. Die neue Technologie, die High-Tec-Sensoren und Computer verwendet, wurde erfolgreich in vielen hohen Gebäuden Japans eingesetzt.

Die beiden Türme sind mit einem an den Außenwänden und in den Decken verlaufenden Warmwasserheizsystem ausgestattet. Die Decken- bzw. Fußbodenheizung hält den Boden angenehm war. Die Wandheizung ist jedoch für viele Wohnungen nicht geeignet. Hier kommt mein «Byobu», ein japanischer Papierparavent, gut zum Einsatz, um negative Wärmeausstrahlung von den Glasfenstern zu vermeiden. Die Unzulänglichkeit des Heizsystems ist im Frühjahr und Herbst stärker zu bemerken, wenn das System nicht mit voller Leistung arbeitet.

The sway of 860 was considered to be maximum limit for occupant's comfort. Dr. Fazlur Khan once studied it to verify his assumptions for design criteria for tall buildings based on occupant's comfort level. 1)

Today, the building sway can be minimized by the installation of active control devices. The new technology, using high-tech sensors and computers, has been successfully applied in many tall buildings in Japan.

The 860 buildings are equipped with a hot water heating system at the perimeter and in the ceiling plenum. The plenum heating keeps the floor warm and very comfortable. The perimeter heating, however, is not adequate for many apartments. Here, I make good use of my "byobu", a Japanese paper screen to prevent negative radiant heat from the glass windows. Heating inadequacy is more perceptible in the fall and spring when the system is not operating at full capacity. I hear (in the elevator, again) someone complaining about his apartment being too hot, while my apartment could use more heat. The problem obviously comes from inadequate balancing.

Again, this can be improved by the use of technology which enables precise temperature control in each apartment. We know such systems have already been successfully applied to retrofit older buildings in Chicago, such as the neighboring John Hancock Center.

As you can see, these shortcomings are all related to the performance of the buildings. 50 years ago when technologies were yet to be developed, buildings were perceived as static objects and these shortcomings were acceptable standards.

With new technologies, such as high-tech sensors and computers, more of today's buildings are becoming dynamic machines where performance is the goal. This will no doubt bring fundamental changes to architecture.

Despite its shortcomings, a testament to 860 is that this architectural masterpiece is not a dead monument. While many famous buildings in the architecture history books are no longer functioning in their original capacity or receiving public subsidies, 860 is still competing in Chicago's residential market by its own strength.

860 is a cooperative apartment. Residents buy a proportionate share of stock for a specific apartment, which in turn earns them the right to reside in that apartment. The cost of an apartment in 860 today is about $100 per square foot plus about $20,000 for a parking stall in the basement. The actual price is decided between the seller and the buyer, depending on market, interior finishes etc. In addition, residents must pay monthly assessment fee of about $1/sf which covers operating and maintenance

Manchmal höre ich jemanden darüber klagen (wieder im Fahrstuhl), daß seine Wohnung überheizt ist, während meine mehr Wärme gut vertragen könnte. Das Problem gründet offensichtlich auf einer unausgewogenen Einstellung.

Auch dies kann durch den Einsatz von Technologien, die die genaue Temperaturregelung in jeder Wohnung erlauben, verbessert werden. Wir wissen, daß solche Systeme bereits erfolgreich zur Nachrüstung älterer Gebäude in Chicago eingesetzt wurden, zum Beispiel im benachbarten John Hancock Center.

Wie man sieht, haben diese Mängel mit der Leistung der Gebäude zu tun. Vor fünfzig Jahren, als diese Technologien noch nicht verfügbar waren, wurden Gebäude als statische Objekte betrachtet, und diese Mängel galten als akzeptabler Standard.

Mit den neuen Technologien wie High-Tech-Sensoren und Computer werden Gebäude heute verstärkt zu dynamischen Maschinen, bei denen die Leistung das Ziel ist. Für die Architektur wird dies ohne Zweifel grundlegende Veränderungen bringen.

Trotz seiner Unzulänglichkeiten spricht es für 860, daß dieses architektonische Meisterstück kein totes Monument ist. Während viele berühmte Gebäude in den Geschichtsbüchern der Architektur nicht mehr ihrem ursprünglichen Zweck dienen oder mit öffentlichen Geldern subventioniert werden, steht 860 noch immer aus eigener Kraft im Wettbewerb am Wohnungsmarkt in Chicago.

860 ist ein Genossenschaftsgebäude. Die Bewohner kaufen Anteile für eine bestimmte Wohnung, und diese Anteile geben ihnen wiederum das Recht, in dieser Wohnung zu wohnen. Die Kosten einer Wohnung in 860 liegen heute bei $ 1076 pro Quadratmeter plus etwa $ 20.000 für einen Parkplatz im Tiefgeschoß. Der tatsächliche Preis wird zwischen dem Verkäufer und dem Käufer vereinbart, je nach Marktlage, Innenausstattung etc. Hinzu kommen monatlich etwa $ 10,8 pro Quadratmeter für Betriebs- und Wartungskosten, Grundsteuer usw. Der ursprüngliche Kaufpreis mag unter dem vergleichbarer Einheiten in Chicago liegen, die monatlichen Kosten darüber. Diese Preisstruktur zieht bestimmte Personenkreise an.

Folglich wohnen hier viele junge Menschen, die für relativ kurze Zeit bleiben, wie zum Beispiel Hochschulabsolventen, und viele ältere Menschen, die ihre Wohnung nicht als Investition betrachten. Ich glaubte, daß viele Bewohner in 860 lebten, weil ihnen die Architektur gefiel. Allerdings haben viele Inneneinrichtungen gewählt, die die verglaste Außenseite leugnen, oder einen Stil aus einer anderen Zeit, was einen Widerspruch zwischen dem Lebensstil

costs, real estate tax, etc. While the initial purchase may be lower compared to similar units in the Chicago market, the monthly assessment fees may be higher. This price structure attracts certain types of residents.

Consequently, there are many younger people who stay for a relatively short period of time, such as graduate students. There are also many older people who do not see their residence as an investment opportunity. I assumed many lived at 860 simply because they liked the architecture. However, many people have chosen interiors that deny the all glass exterior or represent a style of another age, suggesting an incongruity between the way people live and the architecture they choose to live in.

This incongruity further suggests a separation of the building shell from the interiors. Mies' concept of "universal space," which facilitates maximum freedom of interiors, is literally practiced by residents, perhaps beyond his expectation.

I know of many high-rise apartment buildings built later than 860 and which are physically more comfortable. But at 860 my spirit is lifted every day when I walk back to the apartment from my downtown office. Looking up at the steel and glass towers, walking between the columns and under the canopy connecting the towers, entering the open lobby… I know of no other building in Chicago, or anywhere else, that gives me the same sense of exultation.

Masami Takayama was born in 1933 in Tokyo. He studied architecture at Waseda University and at Illinois Institute of Technology under Mies van der Rohe. In 1975, he received his Ph.D. in Architecture from IIT. He worked at Skidmore, Owings and Merrill, Chicago, as a Senior Architect, and taught at IIT and Harvard University. In 1993, Masami Takayama founded Chicago Institute for The Study of Architecture & Technology where he currently is Chairman.

1) "Service Criteria for Tall Building for Wind Loading" by Fazlur R. Khan and Richard A. Parmelee; from the preprint Proceedings of the Third International Conference on Wind Effects on Buildings and Structures, Tokyo, Japan, September 1971.

der Menschen und der von ihnen gewählten Architektur, in der sie leben, darstellt.

Dieser Widerspruch deutet auch auf eine Trennung der Gebäudehülle vom Innenraum hin. Mies' Konzept vom «universellen Raum», das ein Maximum an Freiheit im Innenraum erlaubt, wird von den Bewohnern buchstäblich in die Tat umgesetzt, und dies vielleicht mehr, als er erwartet hatte.

Ich kenne viele Wohntürme, die nach 860 erbaut wurden und in denen das Leben physisch angenehmer ist. Aber bei 860 hebt sich täglich meine Stimmung, wenn ich von meinem Büro zurück zur Wohnung laufe. Wenn ich nach oben blicke und die Stahl- und Glastürme sehe, zwischen den Säulen und unter dem Vordach, das die Türme verbindet, gehe und in den offenen Eingangsbereich eintrete, … ich kenne kein anderes Gebäude in Chicago oder an einem anderen Ort, das mir das gleiche, erhebende Gefühl vermitteln würde.

Masami Takayama wurde 1933 in Tokio geboren. Er studierte Architektur an der Waseda Universität und dem Illinois Institute of Technology bei Mies van der Rohe. 1975 erhielt er sein Ph.D. in Architektur vom IIT. Er arbeitete als leitender Architekt bei Skidmore, Owings und Merrill, Chicago, und unterrichtete am ITT und an der Harvard University. 1993 gründete Masami Takayama das Chicago Institute for The Study of Architecture & Technology, dessen Präsident er zur Zeit ist.

1) «Service Criteria for Tall Building for Wind Loading» von Fazlur R. Khan und Richard A. Parmelee; aus dem Vorabzug Proceedings of the Third International Conference on Wind Effects on Buildings and Structures, Tokio, Japan, September 1971.

AIA Goldene Medaille

Die Goldene Medaille des «American Institute of Architects» zu erhalten ist eine sehr große Ehre.

Es zeigt, daß meine Arbeit von meinen Kollegen verstanden und geschätzt wird. Ich bin sehr dankbar für dieses ehrenvolle Zeichen der Anerkennung.

Bei dieser Gelegenheit möchte ich auch der tiefen Dankbarkeit Ausdruck geben, die ich immer empfunden habe und stets empfinden werde, daß ich in dieses Land kommen konnte und mir die Möglichkeit gegeben wurde, hier zu lehren und zu arbeiten.Das Lehren zwang mich, meine Gedanken über Architektur klar zu formulieren.

Die Arbeit machte es möglich, ihre Gültigkeit zu prüfen – Lehren und Arbeiten haben mich vor allem von der Notwendigkeit der Klarheit im Denken und Handeln überzeugt.

Ohne Klarheit gibt es kein Verstehen.

Und ohne Verstehen gibt es keine Richtung – nur Verwirrung.

Zuweilen entsteht sogar unter bedeutenden Männern Verwirrung, wie in der Zeit um 1900, als Wright, Berlage, Behrens, Olbrich, Loos und Van de Velde wirkten und jeder einen andern Weg ging.

Oft wurde ich von Studenten, Architekten und interessierten Laien gefragt:«Welchen Weg wird die Architektur gehen?»

Sicher ist es weder notwendig noch möglich, jeden Montagmorgen eine neue Art von Architektur zu erfinden.

Wir stehen nicht am Ende, sondern am Anfang einer Epoche; einer Epoche, die von einem neuen Geist geführt sein wird, die von neuen Kräften – neuen technologischen, soziologischen und ökonomischen Kräften – getrieben sein wird und die neue Werkzeuge und neue Materialien haben wird.

Aus diesem Grunde werden wir eine neue Architektur haben.

Aber die Zukunft kommt nicht von selbst.

Nur wenn wir unsere Arbeit in der richtigen Weise tun, wird sie ein gutes Fundament für die Zukunft sein.

In all diesen Jahren bin ich immer mehr zu der Überzeugung gekommen, daß Architektur kein Spiel mit Formen ist.

Mir wurde die enge Beziehung zwischen Architektur und Zivilisation klar.

Ich bin überzeugt, daß Architektur aus den tragenden und treibenden Kräften der Zivilisation kommen muß.

Und daß sie – in ihrer Vollendung – ein Ausdruck der innersten Struktur ihrer Zeit sein kann.

Die Struktur der Zivilisation ist nicht einfach: sie ist zugleich Vergangenheit, Gegenwart und Zukunft.

AIA Gold Medal

To receive the Gold Medal of the American Institute of Architects is indeed a great honor.

It is a sign that my work has been understood and appreciated by my colleagues. I am very grateful and very thankful for this distinguished token of esteem.

May I also express, on this occasion, the deep gratitude I have always felt, and shall always feel, that I could come to this country and have the opportunity to teach and to work here.

The teaching forced me to clarify my architectural ideas.

The work made it possible to test their validity.

Teaching and working have convinced me, above all, of the need for clarity in thought and action.

Without clarity, there can be no understanding.

And without understanding, there can be no direction – only confusion.

Sometimes it is even a confusion of great men, like the time around 1900 when Wright, Berlage, Beherns, Olbrich, Loos and Van de Velde were all at work, each taking a different direction.

I have been asked many times by students, architects and interested laymen: "Where do we go from here?"

Certainly it is not necessary nor possible to invent a new kind of architecture every Monday morning.

We are not at the end, but at the beginning of an Epoch; an Epoch which will be guided by a new spirit, which will be driven by new forces, new technological, sociological and economic forces, and which will have new tools and new materials.

For this reason, we will have a new architecture.

But the future comes not by itself.

Only if we do our work in the right way will it make a good foundation for the future.

In all these years I have learned more and more that architecture is not a play with forms.

I have come to understand the close relationship between architecture and civilization.

I have learned that architecture must stem from the sustaining and driving forces of civilization.

And that it can be, at its best, an expression of the innermost structure of its time.

The structure of civilization is not simple, being in part the past, in part the present, and in part the future.

It is difficult to define and to understand.

Nothing of the past can be changed, by its very nature.

The present has to be accepted, and should be mastered.

But the future is open … open for creative thought and action.

Sie ist schwer zu definieren und zu verstehen.

An der Vergangenheit läßt sich nichts ändern, das liegt in der Natur der Sache.

Die Gegenwart muß man hinnehmen und sollte sie meistern.

Doch die Zukunft ist offen – offen für schöpferisches Denken und Handeln.

Das ist die Struktur, aus der heraus Architektur entsteht.

Daraus folgt, daß Architektur nur mit den wesentlichen Kräften der Zivilisation verbunden sein sollte.

Nur eine Beziehung, die das Wesen der Zeit berührt, kann echt sein.

Diese Beziehung nenne ich gern eine Wahrheits-Beziehung.

Wahrheit im Sinne des Thomas von Aquino als der «adequatio intellectus et rei».

Oder, wie es ein moderner Philosoph in der Sprache unserer Zeit ausdrückt:

«Wahrheit ist der Sinngehalt eines Sachverhaltes».

Nur solch eine Beziehung ist fähig, die komplexe Struktur der Zivilisation zu erfassen.

Nur so wird Architektur an der Entwicklung der Zivilisation beteiligt sein.

Und nur so wird sie das langsame Entfalten ihrer Form ausdrücken.

Das ist die Aufgabe der Architektur gewesen und wird sie bleiben. Eine schwere Aufgabe, ganz gewiß.

Aber Spinoza hat uns gelehrt, daß große Dinge niemals leicht sind.

Sie sind ebenso schwer, wie sie selten sind.

Mies van der Rohe, San Francisco, April 1960

This is the structure from which architecture emerges. It follows, then, that architecture should be related to only the most significant forces in the civilization.

Only a relationship which touches the essence of the time can be real.

This relation I like to call a truth relation.

Truth in the sense of Thomas Aquinas, as the "adequatio intellectus et rei".

Or, as a modern philosopher expresses it in the language of today:

"Truth is the significance of facts."

Only such a relation is able to embrace the complex nature of civilization.

Only so will architecture be involved in the evolution of civilization.

And only so will it express the slow unfolding of its form.

This has been, and will be, the task of architecture.

A difficult task, to be sure.

But Spinoza has taught us that great things are never easy.

They are difficult as they are rare.

Mies van der Rohe, San Francisco, April 1960

Zur Situation

Orientierung – lateinisch oriens = Sonnenaufgang – meint eigentlich den Sonnenaufgang suchen. Wir sehen nach Osten, wo die Sonne aufgeht, hin zu einem im Osten liegenden Land, dem Morgenland. Im Orientieren ist auch das Sich-zurecht-Finden, Den-Standort-Bestimmen mitgemeint.

Am Ostrand der Innenstadt «Loop», an einem der schönsten Punkte Chicagos – an den Ufern des Michigansees, dem Lake Shore Drive, der Autobahn entlang – stehen die beiden kompromißlosen Apartmentblocks. Die beiden Hochhäuser sind als Zwillingsbauten auf einem dreieckigen Grundstück in Quer- und Längsachse zueinander in Beziehung gesetzt.

Architektur erleben heißt sehen lernen. Wer diese Erfahrung macht, wird Bauwerke nicht mehr isoliert wahrnehmen: Jedes Gebäude hat seine bestimmte Umgebung – einen geistigen Ort – und kann deshalb nur in größeren Zusammenhängen betrachtet werden. Nehmen wir als Beispiel die 860 Lake Shore Drive Apartments in Chicago von Mies: zwei vollverglaste Wohntürme am Michigansee. Das horizontale Dach, welches die beiden Türme auf der Eingangsebene verbindet, hat eigentlich keine Funktion – und prägt gerade dadurch die Geistigkeit dieses bestimmten Ortes.

About the Situation

Orientation – Latin oriens (sunrise) – literally means searching for the sunrise. We look towards the east, where the sun rises, towards a land in the east, the Orient. Orientation also means finding one's way, determining one's position.

The two uncompromising apartment towers are situated at the eastern edge of the inner city Loop, at one of the most beautiful locations in Chicago – on the shores of Lake Michigan, Lake Shore Drive, along the highway. The two high-rise buildings enter into a relationship as twin towers on a triangular piece of property as well as in their diagonal and longitudinal axes.

Experiencing architecture means learning to see. Those who make this experience no longer perceive buildings as isolated objects: every building has its specific environment – a spiritual place – and therefore can be seen only within a larger context. Let's take, for example, 860 Lake Shore Drive Apartments in Chicago by Mies van der Rohe: two fully glazed apartment towers at Lake Michigan. The horizontal roof connecting the two towers on the entrance level really doesn't have any function, and for that reason alone, it marks the spirituality of this specific place.

Der Aufbau

Beim Bau der Fassade wurde jeweils eine vierfenstrige Einheit auf dem Dach montiert und von oben herab von Säule zu Säule angeschlagen. An den Säulen und Eckpfeilern, die über einem von der Feuerpolizei geforderten Betonmantel mit Stahlplatten abgedeckt sind, wurde dasselbe Normalprofil wie bei den Fenstereinheiten aufgesetzt. Einheitlichkeit waltet also auch im Detail.

«Die Gruppe dieser 26geschossigen Apartmentblocks hatte in ihrer absoluten Konsequenz, der puritanischen Einfachheit ihrer Aussage, eine signalartige Wirkung auf die Entwicklung der modernen Architektur in Chicago und der ganzen Welt. Hier führte Mies van der Rohe den Beweis, daß seine Ideen aus den zwanziger Jahren keine Utopien, sondern eine kühne Vorausahnung der zukünftigen Gestalt unserer Zivilisation waren.»

(Oswald W. Grube, 100 Jahre Architektur in Chicago, 1973)

The Structure

When the façade was built, four-window-units were assembled on the roof and lowered from above between the columns. The same standard profile used for the window units was also used on the columns and corner pillars, which are covered with steel plates over a concrete shell required by fire department regulations. Uniformity is thus at work in the details, as well.

"This 26-story apartment blocks had, as its absolute consequence – the puritan simplicity of its statement – a signaling effect on the development of modern architecture in Chicago and throughout the world. Here, Mies van der Rohe proved that his ideas from the twenties were not utopian but a daring premonition of the future form of our civilization."

(Oswald W. Grube, 100 Years of Architecture in Chicago, 1973)

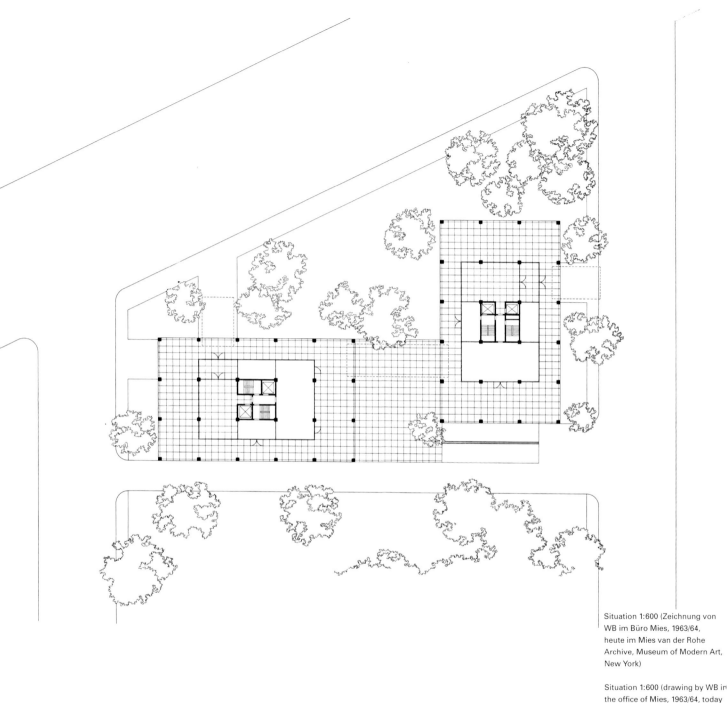

Situation 1:600 (Zeichnung von
WB im Büro Mies, 1963/64,
heute im Mies van der Rohe
Archive, Museum of Modern Art,
New York)

Situation 1:600 (drawing by WB in
the office of Mies, 1963/64, today
in the Mies van der Rohe Archive,
Museum of Modern Art, New York)

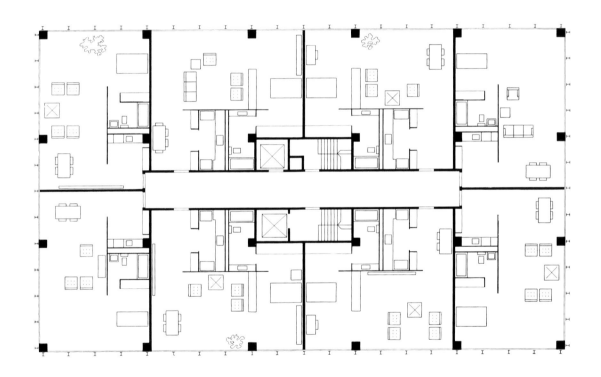

Grundrißlösung 2, nicht
ausgeführt (Zeichnung von WB
im Büro Mies, 1963/64)

Ground plan solution 2,
unrealized (drawing by WB in
the office of Mies, 1963/64)

33

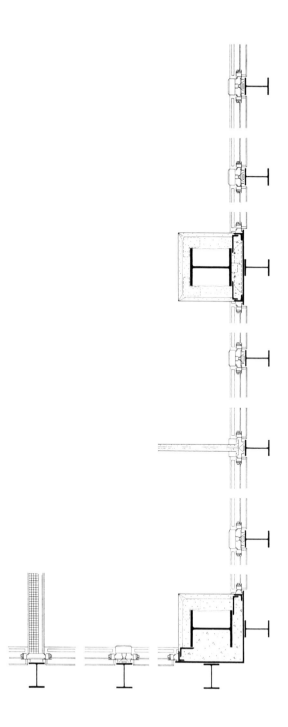

Horizontal- und Vertikalschnitte
1:30 (Zeichnung von WB im Büro
Mies, 1963/64)
Horizontal and vertical sections
1:30 (drawing by WB in the office
of Mies, 1963/64

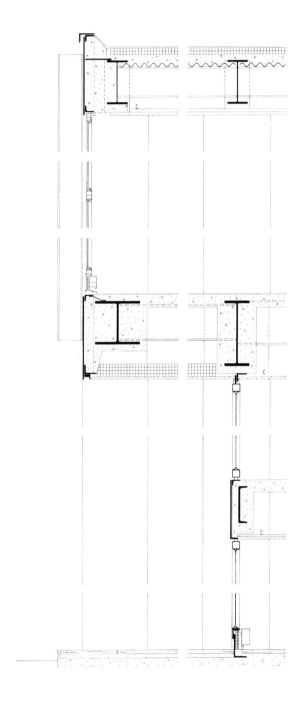

Die Außenhülle

Die bahnbrechende Idee der Vorhangfassade, die die Verbindung von Wand- und Tragkonstruktion auflöst, mit transparenten Durchblicken durch alle Geschosse, schuf eine wahre Utopie der Weltmoderne schon Ende der vierziger Jahre. Über die durchgehenden Flächen der Fassaden mit ihrem Hintergrund von einheitlichen grauen Vorhängen und weißem Sonnenschutz hinter dem Aluminiumfesterrahmen zeichnet sich die Stahlkonstruktion in kontrastierendem Schwarz ab.

Das nach außen wirkende Stahlskelett ist aus feuerpolizeilichen Gründen mit einer Betonkonstruktion verkleidet. Die Säulen, die im Abstand von 6.30 Metern stehen, sind von einer verlorenen Schalung aus verzinkten und unter sich verschweißten Stahlblechtafeln umschlossen. Darauf ist ein zweites, sichtbares System von Vertikalgliedern in T-Profilen aufgesetzt, dessen Pfosten oder Spanten, «mullions», im Abstand von 1.60 Metern ohne Feuerschutzmantelung über die ganze Fassade laufen.

Mies van der Rohe hatte das Verhältnis der mullions in Länge und Breite sorgfältig ausgewogen. Nur so blieb bei aller Transparenz und linearer Auflösung des Skelettbaus die Körperhaftigkeit der Baumassen gewahrt. Diese Lösung des nach außen gesetzten Skeletts in der Scheidung von Haut und Tragkonstruktion war damals eine bemerkenswerte Neuerung.

The Outer Skin

The pioneering concept – the curtain façade resolving the connection of wall and supporting structure, with transparent views through all floors – had already created a true utopia of modernism by the end of the forties. The steel construction stands out in contrasting black against the continuous façade surfaces with their background of uniformly gray curtains and white sunshades behind the aluminum window frames.

The steel skeleton, which is effective towards the outside, is clad with a concrete construction due to fire department regulations. The columns are placed 6.30 meters apart and are surrounded by formwork made of galvanized and welded steel sheets. On top of this is a second, visible system of vertical elements with T-profiles whose supports, or mullions, run across the entire façade at a spacing of 1.60 meters and are without a fire-resistant shell.

Mies van der Rohe had carefully balanced the relationship of the mullions in their length and width. This was the only way to preserve the physicality of the skeleton structure despite all transparency and linear resolution. This solution, the skeleton moved to the outside while separating the shell and the supporting structure, was a remarkable novelty at the time.

Die Geschosse

Die Außenhaut wurde in vorgefertigten Elementen von zwei Geschossen Höhe und der Breite einer quadratischen Großachse (6.30 Meter) eingehoben und mit dem Skelett verschweißt. Anschließend wurden die hellen Aluminiumfenster an den Streben der Kleinachsen (1.60 Meter) montiert. Einheitlich helle, lichtreflektierende Stores steigern den Kontrast zwischen tragendem Skelett und Glasausfachungen.

Schwarz gestrichene Stahlbleche bedecken im Außenbau die ummantelten Pfosten und Balken des Skeletts. Alle Seiten der Gebäude sind gleich behandelt. Der Zwischenraum zwischen den Pfosten ist in jedem Geschoß in drei Fenster geteilt. Zwischen ihnen stehen Breitflansch-Stahlträger als Fensterpfosten. Ein weiterer Stahlpfosten der gleichen Art ist an den äußeren Pfeilern angeschweißt, um den Rhythmus der im gleichen Abstand stehenden Vertikalen fortzusetzen. In diese Rahmen sind Aluminiumfenster eingesetzt, die vom Fußboden bis zur Decke reichen.

The Floors

The outer shell was inserted as prefabricated elements two stories in height and with a width of a large square axis (6.30 meters) and welded to the skeleton. Then, the light aluminum windows were mounted to the mullions of the small axes (1.60 meters). Uniformly light, reflective sunshades enhance the contrast between the supporting skeleton and the glass.

Black-painted steel sheets cover the encased pillars and beams of the skeleton on the outer building. All sides of the buildings received an equal treatment. The interim space between the posts is divided up into three windows on each floor. Between them are wide flange steel supports as window posts. An additional identical steel pillar is welded to the outer pillars to continue the rhythm of the vertical line with the same spacing. Floor-to-ceiling aluminum windows are set into these frames.

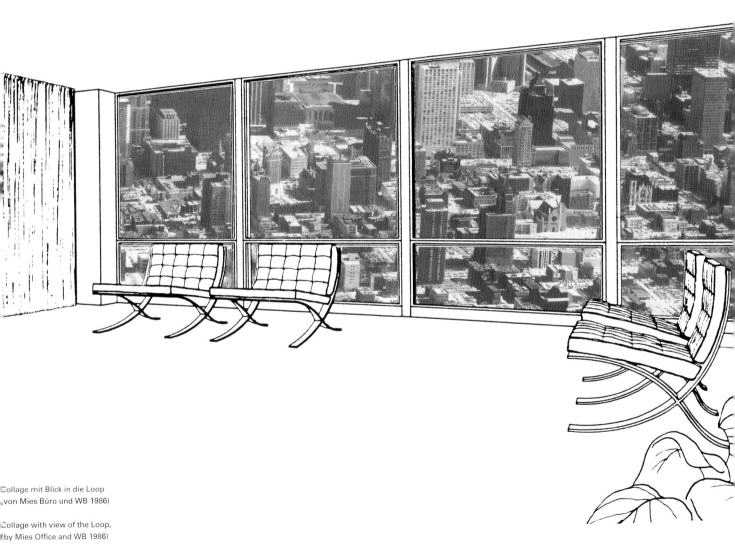

Collage mit Blick in die Loop
(von Mies Büro und WB 1986)

Collage with view of the Loop,
(by Mies Office and WB 1986)

Der Innenraum

Mit einem Höchstmaß an Reduktionsästhetik verwirklichte Mies van der Rohe in seinen beiden Wohntürmen mit je 26 Stockwerken das Konzept eines offenen Wohnens. Die kühnen gläsernen Türme ihres asketisch-rationalen Gestalters sind bemerkenswerte Beispiele einer selbstbewußten technischen Zivilisation.

Licht fällt von überall in den Raum, die Schatten verlaufen stets in neuen Bewegungen über die wenigen Wandflächen. Dann ist das Spiel mit dem Lake Shore Drive und die Weitsicht auf den Michigansee ein nie erstarrendes Erlebnis. Im Streben nach Exklusivität und architektonischem Raffinement öffnet sich der Innenraum in diskretem Charme.

Die volle Glasfront macht den Raum reizvoll, erweitert ihn und widerspricht offenkundig dem Ideal, wo die Lebenskultur nur auf Macht und Reichtum ausgerichtet ist. Die Bewohner – Ehepaare unterschiedlicher Herkunft, wie etwa Künstler und Ärzte, Kaufleute und Pensionierte – leben in Räumen, die dem Leben Spiel und Spontaneität erlauben. Es sind einmalige Beispiele stereometrischer Urkörper.

The Interior

Mies van der Rohe realized the concept of open living in his two 26-story apartment towers with the highest degree of reduction aesthetics. The bold, fully glazed towers by the ascetic-rational designer are remarkable paragons for a self-confident technological civilization. Light enters the space from all sides, the shadows glide across the sparse wall surfaces in ever-changing movements. The interplay with Lake Shore Drive and the view of Lake Michigan are experiences that are never frozen. In its striving for exclusivity and architectural refinement, the interior opens up with a discrete charm.

The fully glazed façade creates an attractive space, expands it and obviously contradicts the ideal whereby lifestyle is oriented only towards power and wealth. The inhabitants – couples with various backgrounds, artists, doctors, businessmen and retirees – live in spaces that allow play and spontaneity in their lives. They are unique examples of stereometric archetypal volumes.

Die Wohnungen

The Apartments

Die Apartments sind gekennzeichnet durch ihre streng rechtwinklig gerasterten Grundrisse sowie die senkrechten filigranen Fronten. An diesem Detail wird der Durchbruch des «Beinahe-Nichts» deutlich.
«Lehren und Arbeiten haben mich vor allem von der Notwendigkeit der Klarheit im Denken und Handeln überzeugt. Ohne Klarheit gibt es kein Verstehen. Und ohne Verstehen keine Richtung – nur Verwirrung.» (Mies 1960)

Their strictly rectangular ground plans as well as the vertical filigree façades characterize the apartments. In this detail, the breakthrough enlightens the "almost nothing."
"Teaching and working have convinced me, above all, of the need for clarity in thought and action. Without clarity, there can be no understanding. And without understanding, there can be no direction – only confusion." (Mies 1960)

Nach insgesamt fünf Jahrzehnten konsequenter Auseinandersetzung mit den architektonischen Mitteln liegt das Œuvre von Mies van der Rohe in seiner klaren Dimension vor uns. Sein ingeniöses Werk in Chicago verjüngt sich zunehmend, als reifes Alterswerk. Es liefert uns eine beeindruckende Bestätigung dafür, wie mit wenig Mitteln eine künstlerische Kreativität in konsequenter Auseinandersetzung kontinuierlich entfaltet werden kann. Die diskrete Ästhetik dieses «leisen» Genies ist auf eine so subtile Weise ideenreich und anregend formuliert, wie dies nur einer pädagogischen Persönlichkeit zufallen kann. Askese in der Materialbehandlung einerseits und die Standfestigkeit der Konstruktion und Durchbildung in ästhetischer Gliederung andererseits bestimmten sein Selbstverständnis als Architekt. Im Großen wie im Kleinen wird bei Mies Baukunst zum Unendlichen. Seine Rückkehr zum handwerklichen architektonischen Denken am Detail charakterisiert sein Schaffen. Das einheitliche Gesamterscheinungsbild mit seiner erstaunlichen Spannweite vom Stuhl bis zum großen Bauwerk erweist sich als die Baugeschichte dieses Jahrhunderts wesentlich mitprägend. Nicht zuletzt durch Mies' Einfluß auf mehrere Architektengenerationen ist er eine der interessantesten und bedeutendsten Gestalten der Moderne. Seine Architektur war und ist Ort der Stille, der Ruhe, des Geistes und der Erfülltheit. Die vier Phasen – Material, Konstruktion, Ästhetik, Transparenz – sind als ausgewogenes Ineinander eng verwoben. Es gehört zur schöpferischen Phantasie, Teile zu einem Ganzen zu verknüpfen. Architektur ist mehr als die Summe der Teile. Kreative Denkweisen entstehen aus dem Verständnis der Zusammenhänge. Leo von Klenze: «Die Schönheit steckt im Ganzheitlichen oder im organischen Ganzen.»

Der Begriff «Material» geht auf «mater», Mutter, zurück. Und Material zur Schönheit zu bringen, die real und echt ist, macht Sinn. Beim Barcelona-Pavillon spricht man von erhabenen Materialeindrücken. Ähnliches finden wir im gotischen Bauwerk. Beide sind mit den Mitteln ihrer Zeit realisiert. Material ist in seiner Schönheit zu erhalten oder zur Schönheit zu bringen. In der Vollendung des Details liegt das Sinnvolle. Gute Detaillösungen sind deshalb das Resultat intensiven Denkens. Die Vielschichtigkeit der Materialempfindung wahrzunehmen heißt, höchst Anspruchsvolles zu schaffen, und zeigt, was Baustoffe unserer Zeit sein können.

Konstruktion ist Statik und Anordnung, die die Erfülltheit mit äußerster Reinheit und Genauigkeit innerhalb gesetzter

After five decades of consequential occupation with architectural means, the oeuvre of Mies van der Rohe stands before us with its distinct range. His ingenious oeuvre in Chicago is increasingly rejuvenating as a mature oeuvre of his old age. It provides us with an impressive confirmation of how artistic creativity can continuously unfold in a consequential occupation with very few means. The discrete aesthetics of this "quiet genius" is subtly formulated in an inspiring and imaginative way as it could come naturally only to a pedagogic personality. Ascetics in the treatment of materials on one hand, and the stability of the construction and design in an aesthetic arrangement on the other, determine his self-image as an architect. Architecture becomes the infinite for Mies on both a large scale and a small. His return to the crafted architectural thinking in the detail characterizes his oeuvre. The uniform overall appearance, with an amazing range, from chair to large building, proves to be decisively influential on the architectural history of this century. Due, not least, to Mies' influence on several generations of architects, he is one of the most interesting and important personalities of Modernism. His architecture was and is a place of quiet, calm, spirit and fulfillment.

The four phases – material, construction, aesthetics, transparency – are closely interconnected in a balanced interrelationship. It is part of the creative fantasy to connect separate elements into a whole. Architecture is more than the sum of its elements. Creative thinking rises from the understanding of the contexts. Leo von Klenze: "Beauty is in the harmony, in the organic whole."

The term "material" originates from "mater", mother. Guiding material towards a beauty that is real makes sense. The Barcelona pavilion is described with the words "sublime material impressions." We can find something similar in Gothic buildings. Both are realized with the means of their time. Materials have to be preserved in their beauty or brought towards beauty. The meaningful lies in the perfection of the details. Good detail solutions are therefore the result of intense thinking. Perceiving the complexity of material sensations means to create highly sophisticated objects and reveals what the building materials of our time can be.

Construction is static and arrangement, including the fulfillment through extreme purity and preciseness within fixed possibilities. For construction, Mies needs all his insights, his abilities and his knowledge. Building is a spiritual event. Text, images and sketches should be understood as

Möglichkeiten einschließt. Zum Konstruieren braucht Mies alle seine Erkenntnisse, sein Können und Wissen. Bauen ist ein geistiges Ereignis. Text, Bild, Zeichnungen sollen als Beitrag zu einer qualitätvollen Architektur verstanden werden. Mehr als nur eine Orientierung, vielmehr einzigartige Beispiele der Architektur mit visionären Möglichkeiten für Interessierte.

Mies van der Rohe sagte: «Ich will die Form und keine Formspielerei.» Seine geistigen Voraussetzungen waren: Verstehen, Rechtfertigen, Arbeiten. Er wollte das Ganze in seiner Schönheit erhalten oder zur Schönheit bringen. Und im Wissen, daß es um Architektur und Gestalt-Findung geht, diese verfeinern und vollenden. Das Schöne verbindet sich mit Innerlichkeit, und alles, was wohl geordnet ist, wirkt nach innen. Architektur ist darum Werkgestalt und Kunstgestalt in einem.

Transparent ist jene Architektur, die sich öffnet und auch schützend verschließt. In der transparenten Raumdurchdringung fließen verschiedene Wirkungsgrade zusammen, wie das Öffnen und Schließen, Erhellen und Verdunkeln, Durchfluten und Abgrenzen. Veränderungen werden durch das faszinierende Erlebnis der Umgestaltung wahrgenommen. Aus der Sichtbarkeit oder Konstruktion im «skin and skeleton»-Bauen wird im räumlichen Ablauf so etwas wie Schwerelosigkeit und Harmonie erzeugt. Im wahren Wohnen verwirklicht der Mensch sein menschliches Wesen. Nach Heidegger hängt der Frieden, in dem man wohnt, mit der «Umfriedung» im Wohnbereich zusammen. In der eingerahmten Wirkung der Öffnung gleicht sich uns das Draußen an. Das durch diese Öffnung Geschaute wird zum eingegrenzten Landschaftsbild – zur erlebbaren Außenräumlichkeit, die die Welt bewohnt. Das Außen vermittelt ein Weltraumgefühl. Leichtigkeit und Helligkeit führen zu etwas Festlichem. In der Transparenz liegt der räumliche und deshalb der innerliche Charakter verborgen.

contributions to a qualitative architecture. More than just an orientation, rather, they are unique examples of architecture with visionary possibilities for those who are interested.

Mies van der Rohe said: "I want form and not formal play." His mental preconditions were: understanding, justifying and working. He wanted to preserve the whole in its beauty or bring it towards beauty. And knowing that it was about architecture and finding form, he wanted to refine and complete it. The beautiful connects with sensitivity, and everything that is well arranged influences the interior. Architecture therefore is both work gestalt and art gestalt.

The kind of architecture that opens itself up and, at the same time, protectively encloses, is transparent. In the transparent spatial penetration, various degrees of effect flow together, like opening and closing, brightening and darkening, flooding and differentiating. Changes are perceived through the fascinating experience of redesign. From the visibility or construction in the "skin and skeleton" architecture, something like weightlessness and harmony is created in the spatial sequence. In true living, man realizes his human essence of being. According to Heidegger, the peace ("Frieden") in which one lives is connected with the enclosure ("Umfriedung") of the living space. In the framed effect of the opening, the outside adapts to us. What is seen through this opening becomes a framed landscape image – a tangible outside spatiality that is lived in by the world. The outside mediates a feeling of outer space. Lightness and brightness lead to something festive. The spatial, and therefore the inner character, is hidden in transparency.

Es ist mir eine große Freude und ein herzliches Bedürfnis, Mies van der Rohe zu seinem 80. Geburtstag zu beglückwünschen und ihm zu danken für die Wegweisung, die er uns Jüngeren in Leben und Werk gegeben hat. Freunde, Architekten, Künstler, Technologen und Männer der Wirtschaft aus der ganzen Welt werden an diesem Tage den Wunsch haben, dem Jubilar ihre Verehrung und Hochschätzung zum Ausdruck zu bringen. Mies selbst wird es vorziehen, dieses Fest zurückgezogen in der Stille des Denkens – seiner Art des Denkens – zu verbringen. «Ich will mein Denken prüfen beim Tun», sagte Mies einmal, «ich will etwas tun, um denken zu können. Die Einheit von Kopf und Hand ist die wesentliche Situation. Auch das Gefühl sollte kontrolliert werden durch Tun.» Das Tun verpflichtet Mies zur adaequatio rei et intellectus seines Lehrers Thomas von Aquin. Die wirkliche Sachgemäßheit des Denkens – so würden wir heute diese adaequatio benennen – muß das Tun zu einem Ordnen werden lassen. «Ordnung aber ist der Sinngehalt vom Sachverhalt», sagt Mies. Wo dieser Sinngehalt jeweils zutiefst erfaßt wird, entsteht die Schönheit als das Strahlen der Wahrheit, wie Mies uns mit einem Wort Augustins lehrte. Die Kritiker sagen immer wieder, Mies sei ein Purist. Uns, seine Schüler, die die geistige Zucht des Meisters überzeugt hat, trifft der gleiche Vorwurf. Wer tiefer sieht, versteht, was Mies zu diesem «Vorwurf» meint, wenn er sagt: «Soll ich eine grade Linie ziehen, ziehe ich sie so gerade, wie ich kann. Habe ich einen Nagel einzuschlagen, so schlage ich mir nicht auf die Finger.»

Schon in den frühen 20er Jahren fand Mies beim Klassizisten Friedrich Schinkel in Berlin Echtheit und Schönheitssinn für Maß, Proportion und Rhythmus. Beim Studium der Architektur der Amsterdamer Börse von H. P. Berlage entdeckte Mies, daß Baukunst Konstruktion ist. Dies, obwohl die Geschlossenheit des Backsteingefüges eher massiv als konstruktiv wirkt. Immer wieder sagte Mies: «Baukunst ist nicht nur gebunden an Zwecke, sondern an die Materialien und Methoden ihrer Konstruktion.» In der Architektur stehen sich zwei Richtungen gegenüber: eine plastisch formende und eine konstruktiv gliedernde.

It is with great pleasure, indeed with a feeling of repaying a debt, that I take this opportunity of congratulating Mies van der Rohe on the occasion of his 80th birthday and thanking him for the guidance he has given those of us who are younger in both our lives and work. Friends, architects, artists, technical engineers and economists the world over will, today, wish to express their admiration and esteem for Mies. He, however, will probably prefer to spend this anniversary in the solitude of thought – his kind of thought. Mies once told me, "I want to test my thoughts by my actions. I want to do something so that I may think. A unity of head and hand is essential. Emotions, too, should be controlled through action."

It is action which compels Mies to the adaequatio rei et intellectus of his Master St. Thomas Aquinas. The real pertinence of thought – this is how we should interpret the "adaequatio" today – must lead the action towards order. Mies says, "Order, however, is the meaning behind the material." He has passed on to us a saying of St. Augustine's that "beauty is the mirror of truth," and this is created wherever the "meaning" has really been grasped. The critics always maintain that Mies is a purist. The same accusation is leveled at us, his pupils, who have been convinced by his intellectual discipline. Those who can go beyond this will understand Mies' opinion of the "accusation" when he says, "Whenever I have to draw a straight line I draw it as straight as I can. If I have to drive in a nail I do not hit my fingers."

In the early 20's, already, Mies found truth and a sense of beauty in the sizes, proportions, and rhythms of the classicist Friedrich Schinkel in Berlin. While studying the architecture of H. P. Berlage's Stock Exchange in Amsterdam Mies discovered that construction is the art of building. This in spite of the fact that the solidity of the brick structure gives a massive rather than a constructional effect. Repeatedly Mies said, "The art of building depends not only on the future purpose but also on the materials and the methods of construction." In architecture two trends are prominent: one tends towards sculptured form, the other to constructional organization. The organ-

Der von einem Massiv umgebenen Höhle steht die gegliederte Struktur des Zeltes gegenüber. Massiv und konstruktiv müssen nicht unbedingt Gegensätze sein, die sich ausschließen.

Wenn das Konstruktive aber durch das Massive nicht mehr als architektonische Wahrheit hindurchstrahlt, wird denen, die an der Baukunst eines Mies geschult sind, die Jagd nach dem plastischen Nurgeformten fragwürdig. «Das menschliche Skelett verändert sich nie, nur die Physiognomie», sagt Mies treffend. Und ein anderes Wort von ihm lautet: «Baukunst, dies herrliche Wort, besagt doch, daß der Bau seinen Inhalt, und die Kunst seine Vollendung bedeutet.»

Im großformatigen Bild (S. 40/41) werden die Lake Shore Drive Apartments von Chicago gezeigt. An diesem Schulbeispiel für Hochhäuser in Skelettkonstruktion mit curtain wall wird auf besondere Art deutlich gemacht, wie entschieden Detail und Ganzes sich gegenseitig bedingen. Wenn die Ordnung des Ganzen im Detail nicht sichtbar wird, ist das Ganze «nicht in Ordnung». Erst innerhalb eines Systems, in welchem die verschiedenen Zwecke, Materialien und Konstruktionsweisen koordiniert sind, läßt sich mit Proportionen, Rhythmen, Farben und Oberflächenbeschaffenheit spielerisch modulieren. In der architektonischen Durchbrechung des gezeigten curtain wall ist ein hoher Grad technischer und ästhetischer Vollendung offenbart. Das Bild auf Seite 38/39 zeigt ein Vordach, welches zwei kristalline Elementkörper verbindet. Die Wahrheit der Natur gelangt durch die architektonische Begleitung zur strahlenden Schönheit. Dieses Bauwerk wirkt darum befreiend, weil es vom Unwesentlichen entlastet und auf das Wesentliche konzentriert ist. In den sechs Jahrzehnten seines Schaffens waren Mies Ordnung und Wahrheit sein Gesetz, Konstruieren und Modulieren seine Freiheit.

Aber noch ist sein Werk nicht abgeschlossen. Noch immer bleibt – wie es auch Gespräche mit Mies zeigen – der Wunsch offen, daß er seine Erkenntnisse aufs klarste mit der Realisierung des Convention Hall Projektes aus dem Jahre 1953 demonstrieren könnte. Hierbei geht es um die

ized structure of the tent is contrasted with the cave in its massive surroundings. The massive and the constructional need not necessarily be opposites which cancel each other.

Whenever the constructional radiates no more than architectural truth through the massive those who have been schooled in the Miesian tradition begin to question the hunt for purely sculptured form. Mies observed "The human skeleton never changes, only the physiognomy." Another of his sayings is "The art of building, this wonderful expression, shows that the building means its contents and art its perfection."

The full-plate picture (p. 40/41) shows the Lake Shore Drive Apartments in Chicago). This basic example of a skyscraper in skeleton construction with a curtain wall shows particularly clearly how essentially the details and the whole are dependent on each other. If the order of the whole is not visible in the detail, then the whole is "not in order". Only in a system in which the various purposes, materials, and methods of construction are co-ordinated can one easily modulate the proportions, rhythms, colors, and the nature of the surfaces. The architectural penetration of the curtain wall shown demonstrates a high degree of technical and aesthetic perfection. The picture on page 38/39 shows a canopy joining two crystalline elements. The truth in nature achieves radiant beauty through the architectural accompaniment. This building has a liberating effect because it is free of non-essentials and concentrates only on the essentials. In the six decades of his creative life Mies' law was order and truth, his freedom construction and modulation.

But his work is not yet completed. There still remains – as has been shown in conversation with Mies – the hope that he may demonstrate his perception quite clearly through the realization of the Convention Hall project of 1953. Here we are dealing with the idea of a covered hall in which the structional supports are not dependent on the inner divisions. What would give Mies greater pleasure than that those who congratulated him on his 80th birthday should present him with the concrete request

Idee einer weit überspannten Halle, bei welcher die Säulen außerhalb des Innenraums stehen. Das konstruktive Tragwerk ist an die Innenaufteilung nicht gebunden. Was würde Mies größere Freude machen, als daß ihm die Gratulanten zum 80. Geburtstag als konkrete Aufgabe ein solches Bauwerk zur Ausführung übergeben! Ein solches Werk der Baukunst könnte der jungen Architektengeneration sein in den vielen Jahren des Schaffens erarbeitetes Anliegen eröffnen, daß in der Architektur Kunst und Technologie eins werden. Dieser Wunsch gilt beiden: dem Jubilar und der hohen Kunst des Bauens.
(Aus Bauen und Wohnen, WB, 1966)

to construct such a building. For the new generation of architects this expression of the art of building would demonstrate the aim which he has worked towards for so many years – that in architecture art and technology become one. That is what I wish for both Mies and the great art of building.
(From Bauen und Wohnen, WB, 1966)

Ludwig Mies van der Rohe wurde am 27. März 1886 in Aachen geboren. Von 1905–11 war er Schüler von Peter Behrens in Berlin. Er knüpfte an die Schinkelsche Tradition an und wurde einer der stärksten Anreger in Richtung einer zweckmäßigen, logisch-klaren, vom Formalismus freien Architektur. 1926 war er Leiter der Weissenhofsiedlung in Stuttgart. 1929 baute er auf der internationalen Ausstellung in Barcelona den Pavillon der deutschen Abteilung und ein Jahr später das Haus Tugendhat in Brünn. Beide gehören zu den epochemachenden Bauwerken des 20. Jahrhunderts, bekannt für das ästhetische Kalkül im Bau und im Möbel. Von 1930–33 war Mies Direktor des Bauhauses in Dessau und Berlin. Dann emigrierte er in die USA und war dort Direktor der Architekturabteilung am Illinois Institute of Technology in Chicago. Mit der Neuplanung des IIT-Campus und Erstellung von Schulgebäuden begann seine Arbeit in den USA. Er führte die Tradition der «Chicago School of Architecture», der kompromißlosen Stahl- und Glasbauten fort und trieb das «weniger ist mehr» bis zur völligen Abwesenheit von Architektur. Es folgten 1945–50 das Farnsworth-Haus und verschiedene Wohnhochhäuser in Skelettkonstruktion in Chicago und New York, 1953-54 das Projekt für die Convention Hall am Seeufer von Chicago, ein Gebäude mit einer stützenfreien Innenfläche von etwa 220 × 220 m für 50'000 Menschen.

Der Federal Center Gebäude-Komplex in der Loop von Chicago entstand 1959–73 und die Neue Nationalgalerie in Berlin wurde 1962–68 gebaut. Das Œuvre von Mies erstreckt sich vom Haus bis zur geplanten Stadt, vom Wohnraum bis zum öffentlichen Gebäude, von der kleinen Zelle bis zur riesigen Halle, vom faszinierenden Interieur bis zum ausgewogenen Möbel.

Ludwig Mies van der Rohe was born on March 27, 1886 in Aachen, Germany. From 1905 to 1911 he studied with Peter Behrens in Berlin. He followed Schinkel's tradition and became one of the strongest initiators of the direction towards a purpose-oriented, logical and clear architecture freed from formalism. In 1926 he headed Weissenhofsiedlung in Stuttgart. In 1929 he built the German pavilion at the international exposition in Barcelona, and one year later, the Tugendhat House in Brünn. Both are among the epoch-making buildings of the 20th century, famous for the aesthetic calculation in the building and the furniture. From 1930–33 Mies was the Director of Bauhaus in Dessau and Berlin. He then immigrated to the United States and was the Director of the architectural department at Illinois Institute of Technology in Chicago. His work in the United States began with the redesign of the IIT campus and construction of various school buildings. He continued the tradition of the "Chicago School of Architecture" and the uncompromising steel and glass buildings and advanced the concept of "less is more" to the point where architecture was completely absent. Between 1945 and 1950 the Farnsworth House and various apartment highrise buildings in skeleton construction in Chicago and New York were built. 1953–54 saw the project for the Convention Hall at the lake shore in Chicago, a building with a support-free interior space of approximately 220 × 220 meters with space for 50.000 people.

The Federal Center building complex in Chicago's Loop was created 1959–73, and the New National Gallery in Berlin was under construction between 1962 and 1968. Mies van der Rohe's oeuvre ranges from the house to the planned city, from the apartment space to the public building, from the small cell to the huge hall, from fascinating interior to well-balanced furniture.

Wir leben in einem visuellen und akustischen Zeitalter voll von Disharmonie. Könnten sich all die vielen schrecklichen Bauten, mit denen wir uns umgeben haben, auch akustisch äußern – das schrille Getöse wäre vollends unerträglich! Wenn man sich näher mit den Bauwerken von Mies beschäftigt und sein erstaunliches Gefühl für Strukturzusammenhang, Raumdisposition, Formenwahl, Materialbeschaffenheit und das Zusammenführen von Kunst und Architektur sieht, besteht kein Zweifel mehr, daß es doch eine wahre Architektur gibt. Ein treffendes Wort von Mies lautet: «Ich will nicht interessant sein, sondern gut.» Bei Mies galt nur das Außergewöhnliche und das Wagnis. Er kannte kein Mittelmaß, keine Moden und Trends. Das Diktat einer geordneten Architektur prägte auch seine Persönlichkeit.

Mies van der Rohe besaß immer die Vornehmheit eines Gentleman. Er war gut gekleidet, wohnte auf Reisen in vornehmen Hotels und dinierte in guten Restaurants, Havanna-Zigarren gehörten stets dazu. Trotzdem lebte er vorwiegend in der Stille. George Buehr schrieb: «Sein Porträt war massiv, nachdenklich, wortkarg, streng in seinen architektonischen Vorstellungen und sehr genau in der Ausführung.»

Die Kritiker sagten immer wieder, Mies sei ein Purist. Mies aber nahm zu diesem Vorwurf auf seine Weise Stellung, indem er sagte: «Soll ich eine gerade Linie ziehen, ziehe ich sie so gerade, wie ich kann. Habe ich einen Nagel einzuschlagen, so schlage ich mir nicht auf die Finger.» Durch zwei postmoderne Architekten erhielt sein Werk ebenfalls eine indirekte, aber bedeutungsvolle Aufmerksamkeit. Robert Venturi nahm seine Aussage «Weniger ist langweilig», die er Mies' «Weniger ist mehr» 1966 entgegengesetzt hatte, später wieder zurück. Philip Johnson, der frühere Mies-Verehrer, fiel später von ihm ab, indem er zum geistigen Mitbegründer der Postmoderne und der dekonstruktiven Architektur wurde.

We live in a visual and acoustic age that is full of disharmony. If all the horrible buildings that surround us could express themselves acoustically – the shrill noise would be totally unbearable! When one becomes more closely acquainted with the buildings of Mies van der Rohe and sees his amazing feeling for structural context, spatial disposition, selection of form, material characteristics and the unification of art and architecture, there is no longer any doubt that there is, after all, a true architecture. A poignant statement by Mies is: "I don't want to be interesting, but good." Only the unusual and the adventurous counted for Mies. He knew no average, no fashion and no trends. The dictate of a structured architecture also characterized his personality.

Mies van der Rohe always had the nobility of a gentleman. He was well dressed, lived in noble hotels and dined in good restaurants during his travels; the Havana cigars were always present. And yet, he mainly lived quietly. George Buehr wrote: "His portrait was massive, thoughtful, taciturn, strict in his architectural ideas and very precise in the execution."

The critics repeatedly said that Mies was a Purist. But Mies replied to this criticism in his own way by saying: "If I am to draw a straight line, I'll draw it as straight as I can. If I have a nail to hammer, I won't hit my fingers." His oeuvre also received indirect but important attention due to two post-modern architects. Robert Venturi later withdrew his statement "less is boring" with which he had countered Mies' "less is more" in 1966. Philip Johnson, a former admirer of Mies, later turned his back on him by becoming one of the spiritual co-founders of Post-Modernism and deconstructive architecture.

Mies' Büro an der East Ohio Street in Chicago, 1964

Mies' office at East Ohio Street in Chicago, 1964

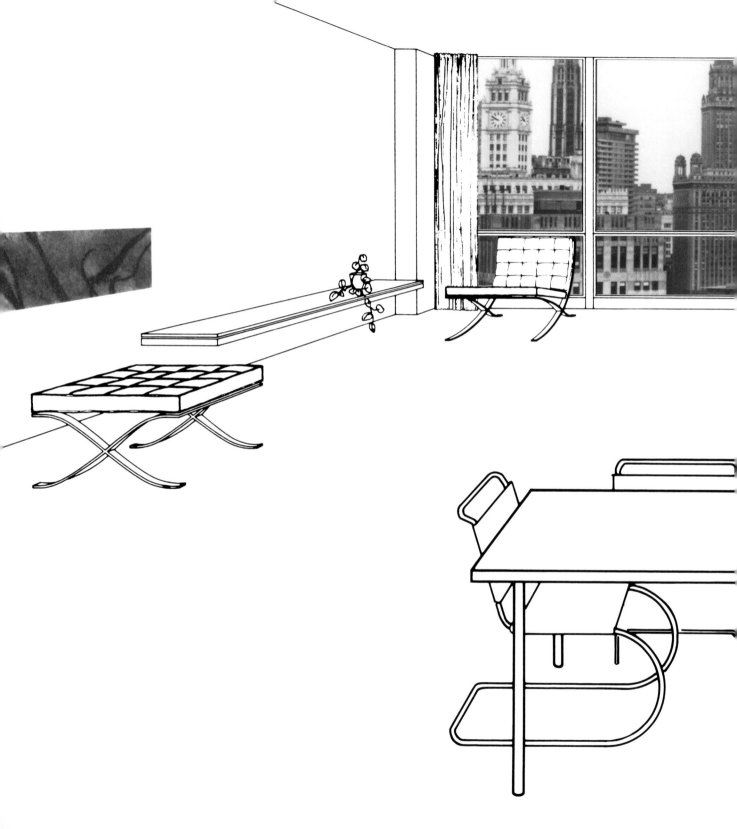

Collage mit Blick in die Loop
(von Mies Büro und WB 1986)

Collage with view of the Loop,
(by Mies Office and WB 1986)

Dank an Freunde

Architektur ist immer eingebunden in die Vielschichtigkeit kultureller Interessen. Auf meinem Weg zur Architektur fand ich neben den Meistern Alvar Aalto und vornehmlich Mies van der Rohe den Gegenpol im offenen Gespräch mit Freunden, was mir half, der Quelle des Seins näherzukommen. Ein hilfreicher Mit-Denker war über Jahrzehnte Adolf E. H. Jacob. Bei ihm lernte ich, die Erfahrungen meiner Reisen und Begegnungen in produktive Aktivität umzusetzen und authentisch und seinsgemäß zu verbinden. Durch Johannes Malms wurden mir die geistigen und ästhetischen Rituale aufgezeigt sowie die Anregungen zuteil, sie bewußter zu gestalten.

Im Miteinander bin ich auch mit Freunden auf fachlicher Ebene verbunden. Ich denke auch an den Fotografen Walter Grunder und an den Lithografen Ernst Sturm, die mir beide lebendig in meinen Büchern begegnen. Auch das Niederschreiben braucht Verständnis und Einfühlung, wie ich dies bei der sprachgewandten Marianne Imperiale-Blocher immer wieder neu erfahre.

In diesem Freundeskreis fand ich bewegende und erhellende Inspirationen, die ich in meinen Arbeiten umsetzen konnte. Die Wirklichkeit mit gestärkten Augen bewußt zu sehen gibt Freiheit und Freude, die einem niemand streitig machen kann. Und so verdanke ich letztlich viel den mittragenden Persönlichkeiten für mein Weiterkommen als Architekt und Autor.

In diesem Sinne kann ich mithin das vorliegende Buch – sowohl im Text- wie im Bildteil – nicht nur das meinige nennen, in vielen Bereichen ist es ebenso sehr ein Mies'sches.

Thanks to Friends

Architecture is always integrated into the complexity of cultural interests. On my path towards architecture I found, aside from the masters Alvar Aalto and Mies van der Rohe, the counterbalance in open conversations with friends. They helped me approach the source of being. Adolf E. H. Jacob has been a helpful intellectual companion for decades. From him I learned to translate the experiences of my travels and encounters into productive activity and to connect them authentically and according to their essence. Through Johannes Malms, I became acquainted with the spiritual and aesthetic rituals and got the inspiration to develop them in a more conscious way.

I am also connected with friends on a professional level, and I'm thinking of the photographer Walter Grunder and the lithographer Ernst Sturm, both of whom I encounter in my books. Writing also needs understanding and empathy, as I always experience with the articulate Marianne Imperiale-Blocher.

I found moving and enlightening inspirations in this circle of friends, which I could realize in my work. Perceiving reality consciously and with strengthened eyes brings freedom and joy that nobody can dispute. And so, in the end I owe a great deal to the supporting cast for my development as an architect and author.

In this sense, I can not declare the present book – in its texts as well as in the illustrations – to be mine alone; in many respects, it belongs just as much to Mies van der Rohe.

Mies' Büro an der East Ohio
Street in Chicago, 1964

Mies' office at East Ohio Street in
Chicago, 1964

89

Die Beschäftigung von Werner Blaser aus Basel mit Hand-Werk war und ist für ihn der Schlüssel zum Verständnis des Einfachen und Außergewöhnlichen in der Architektur. Alvar Aalto, Mies van der Rohe und der Zen-Abt Kobori Sohaku waren seine Lehrmeister. Sein Möbel-Design, seine Bauwerke, seine «gebauten» Bücher waren immer auch Hand-Werk, ein Zurück-zu-den-Wurzeln, eine Konzentration auf das Wesentliche. Wolfgang Bessenich hat treffend gesagt: «Stil: das ist das Wort, um dessen Sinn es Werner Blaser geht. Um Stil zu behaupten, ist er zu vielen Opfern bereit. Ein Formgedanke geht durch alle Einzelstücke durch. So gewinnen sie Notwendigkeit, nichts scheint beliebig. Sie haben Baucharakter, sind selbst Architektur.» Dies dokumentiert sich auch in seinen zahlreichen Büchern über tradierte und moderne Architektur, die in ihrer Auseinandersetzung mit «objektiver Architektur» international Beachtung finden.

For Werner Blaser from Basel, the occupation with craftsmanship was and is the key to understanding what is simple and unusual in architecture. Alvar Aalto, Mies van der Rohe and the Zen abbot Kobari Sohaku were his teachers. His furniture design, his buildings and his "built" books have always been crafted, back-to-the-roots, a concentration on the essential. Wolfgang Bessenich put it pointedly: "Style: that's the word Werner Blaser cares about. To assert style, he is willing to make many sacrifices. One formal thought pervades all of the individual elements. They thus become essential, nothing seems arbitrary. They have a constructive character, are architecture in themselves." This is also documented in his numerous books about traditional and modern architecture that, in their confrontation with "objective architecture", have met with international acclaim.